AGENTES DEL REINO

25 PRINCIPIOS Y PERSPECTIVAS DE LIDERAZGO PARA EL OBRERO DE DIOS

VOLUMEN 3

Por David Mayorga

Publicado por

SHABAR PUBLICATIONS
www.shabarpublications.com

Copyright © 2021 by David Mayorga
All rights reserved.

Tabla de Contenido

Capítulo 1: ¡Creciendo en el Ministerio Profetico! 4

Capítulo 2: ¿Qué Tipo de Líder Eres? 9

Capítulo 3: Dios, ¡No Es Como Yo! 13

Capítulo 4: ¡Oído Para Escuchar a Dios! 17

Capítulo 5: ¡En Su Tiempo! 21

Capítulo 6: ¡Un Punto de Vista Celestial! 25

Capítulo 7: ¡Educando al Hombre Espiritual Con la

Voluntad de Dios! 29

Capítulo 8: ¡Llamados a Reconciliar! 33

Capítulo 9: ¡Cuidado Con Un 'Alto Concepto De Si Mismo!' ... 37

Capítulo 10: ¡Una Guerra Invisible! 41

Capítulo 11: ¡El Tribunal de Cristo! 45

Capítulo 12: ¡Aprendiendo a Clamar a Dios! 50

Volumen 3

Capítulo 13: ¡Reservado Solo Para los Fieles! 54

Capítulo 14: ¿Es Necesario Confrontar? 58

Capítulo 15: ¡El Beneficio del Quebrantamiento! - Parte 1 62

Capítulo 16: ¡El Beneficio del Quebrantamiento! - Parte 2 66

Capítulo 17: ¡Revelación, Aplicación y el Tiempo de Dios! 70

Capítulo 18: ¡Vana es la Ayuda del Hombre! 75

Capítulo 19: ¡La Salida! 79

Capítulo 20: ¡Humillado Con Proposito! 84

Capítulo 21: ¿Sigues de "Niño?" 88

Capítulo 22: ¡Dios Siempre Esta Ahi! 92

Capítulo 23: ¡Una Puerta Grande y Eficaz! 96

Capítulo 24: ¡El Conocimiento de Dios! 100

Capítulo 25: ¡Probados Más Allá de Nuestras Fuerzas! 107

Información del Ministerio 112

1

¡Creciendo en el Ministerio Profético!

"Pero levántate, y ponte sobre tus pies; porque para esto he aparecido a ti, para ponerte por ministro y testigo de las cosas que has visto, y de aquellas en que me apareceré a ti...". (Hechos 26:16)

Si acaso existe algo que detenga el crecimiento en el espíritu del hombre, tiene que ser un ministerio que no ministra la revelación de Dios. Cualquier persona puede pararse detrás de un pulpito y enseñar teología, historia, o dar una buena presentación o sermón. Pero no todos se dedican a declarar la mente y corazón de Dios, o sea, el ministerio profético.

Es mi gran convicción que, si un ministerio no ministra revelación de Dios, este ministerio, sin el fuego de Dios, no producirá rompimientos espirituales en las vidas de aquellos que los oyen. Por la unción se rompen los yugos y sin unción celestial, ¡no hay esperanza ninguna de una liberación completa!

En estos tiempos en los que vivimos, hay muchos ministerios que están sin fuego. Al ministrar en diferentes lugares, no falta encontrarme con personas que me comenten: "¡El ministerio donde yo estoy asistiendo, no tiene vida! Es pura religión y enseñanzas basadas en tradiciones de los hombres; no hay voz profética del Espíritu de Dios." ¡Sobreabunda la pereza entre las iglesias de este tipo de ministerio!

¿Seria Justo Culpar a la Iglesia Por Esta Falta?

¿Ahora, seria justo culpar a la iglesia por falta de palabra profética? ¡La respuesta seria, "Claro que no!" La institución no tiene la culpa por falta de revelación; esto seria culpa de los pastores o lideres que no buscan revelación de Dios, que no anhelan saber el corazón de Dios para estos tiempos.

Ahora, no conozco la verdadera razón por que no hay lideres que busquen mas de Dios o revelación de Su palabra. Creo que el enfriamiento nos llega a todos, pero, aunque así sea, uno como líder, debe to perseverar en oración y buscar las intenciones y dirección de Dios.

Otra razón podría ser que los lideres no saben o conocen lo que significa un ministerio profético. Otra razón también podría ser, que los lideres simplemente son flojos, y no hacen el intento de buscar a Dios para sus ministerios. La razón verdadera por que no hay ministerio profético, puede variar; lo único que si se, es que la iglesia ¡carece de esto!

Dios le dijo a el Apóstol Pablo que fuera, "testigo de las cosas que [había] visto, y de aquellas en que [se le] aparecería [en el futuro.]"

Mis queridos siervos del Señor, debemos buscar dirección de Dios dentro de Su Palabra para estos tiempos. ¡Aunque el buscar revelación de Dios no es fácil, debemos perseverar en esto! El pueblo de Dios perece por falta de conocimiento. El conocimiento, Dios nos lo da a nosotros Sus lideres.

¡Profetice mi hermano/a – ¡no pare de hacerlo hasta que la tierra sea cubierta del conocimiento de Su gloria como las aguas cubren el mar! [Habacuc 2:14]

Puntos de Impacto

☐ ¿Como siervo/a de Dios, has tenido experiencias proféticas con Dios? ¿Puedes describirlas? ¿Cuál fue el resul tado de tu encuentro personal?

- ¿Cuándo fue tu última revelación de Dios que recibiste? ¿Emocionalmente, como te movió el Espíritu de Dios con esta revelación?

- En la obra donde Dios te ha puesto – ¿Permites que Dios te dirija en todo lo que haces para El?

- Una vida intima con Dios produce revelación y ministerio profético. ¡Busca mas de Dios y camina en Su plan y propósito!

2

¿Qué Tipo de Líder Eres?

"**Y David se angustió mucho, porque el pueblo hablaba de apedrearlo, pues todo el pueblo estaba en amargura de alma, cada uno por sus hijos y por sus hijas; mas David se fortaleció en Jehová su Dios.**" (1 Samuel 30:6)

¿Eres un buen líder? ¿Quién te puso de líder? ¿Te sientes capaz de liderar? ¿Has fallado como líder? ¿Cuántos son los que te critican por ser líder? ¡Si nunca han pasado esta serie de preguntas por tu mente, entonces no has experimentado lo que significa ser un verdadero líder!

En el ministerio, experimentarás muchos retos. Lo mismos retos los tendrás en tu propia vida, en tu familia, o tal vez en tu negocio si eres negociante. Los retos tienen en si, una herramienta que tu necesitas para mejorar tu liderazgo – ¡no los descartes!

Por lo que he visto, un líder será probado en varias áreas, pero creo que las áreas mas probadas, serán las de carácter, actitud y tomando decisiones.

En el área de carácter para empezar, el carácter es probado por fuego. ¿Que tipo de hombre eres? De esto te darás cuenta cuando la prueba llegue con fuego intenso, y como respondas cuando nadie te este viendo, será el tipo de hombre que eres. El carácter es forjado en secreto; la manifestación de esta obra se revelará cuando pasas por una situación difícil.

La segunda área es la de tomar decisiones. Nada expresa el tipo de líder que en realidad eres, hasta que tengas que tomar decisiones difíciles. ¡Si eres una persona indecisa, tu obra no avanzará! Un líder debe liderar con certeza, con seguridad y confianza. La prueba te ayudará ha desarrollar esta área.

Finalmente, el líder debe siempre tener una actitud de poder lograr lo que lleva dentro de su corazón. La actitud determina el futuro de todo. Si uno esta lleno de negatividad, no producirá mucho fruto en su vida. ¡Si el líder ve su mundo como Dios lo ve, nada será imposible para ese líder!

Punto de Impacto

☐ Como líder de tu ministerio, hogar, o negocio…has aprendido carácter, tomar decisiones, ¿y el desarrollo de una buena actitud?

☐ ¿La ultima decisión que tomaste, como fue recibida por tus seguidores?

☐ ¿Has fallado en tu liderazgo? ¿Como le hiciste para reponer todo lo perdido?

☐ Tal ves no te sientes como el líder por razones o motivos de haber fracasado en el pasado. ¿Crees que Dios quiere que te levantes en estos tiempos para ser líder?

3

Dios, ¡No Es Como Yo!

"¿O menosprecias las riquezas de su benignidad, paciencia y longanimidad, ignorando que su benignidad te guía al arrepentimiento?" (Romanos 2:4)

Escogí este título para mi devoción por que a veces tiendo a ser un poco duro con las personas que no cumplen, que no terminan un proyecto, o que le fallan a Dios en diferentes áreas de sus vidas. En esta área, ¡valla que si necesito la gracia de Dios!

Cuando una persona no ha experimentado el poder de Dios, o el perdón de Dios en su vida, es casi imposible tratar de comunicarlo a través de sus mensajes. Si nunca has probado de la misericordia de Dios, entonces no sabes como darla a alguien mas. Esto se ve en muchos creyentes y también en predicadores.

Ahora, en la escritura que estoy compartiendo aquí, encuentro una cierta verdad que me a tocado profundamente. Esta verdad es la que dice, "...su benignidad te guía al arrepentimiento." Uno se podría hacer la pregunta, "¿Cómo es posible esto?" O sea, lo bueno que es Dios, ¡es lo suficiente potente para transformar un corazón rebelde! ¡Impresionante!

Lo que he descubierto es lo siguiente: Dios sabe que un hombre o una mujer, por tan rebelde que tenga el corazón, tiene en el centro de su alma, una parte suave. La parte sueve es, ¡la necesidad de ser amado/a!

En el mundo uno encuentra demasiado dolor y angustia. El mundo está lleno de rechazo y dolor. ¿No me diga que usted no ha experimentado esto?

Cuando amor es expresado y sale de lo mas profundo del corazón, esta expresión llevará consigo un efecto que transformará hasta el corazón mas duro del mundo. Aunque una persona este rebelde y sin interés, Dios usará tu amor para romper toda barrera y traer tranquilidad a esa persona.

¡Todo el mundo fue creado para ser amado y Dios a escogido a la iglesia, para darlo!

Mi consejo es, no importa quien sea, enséñales el verdadero amor. Usted podrá ver que el corazón de esa persona responderá en forma quebrantada. Entonces Dios obrará en esa alma.

Puntos de Impacto

☐ La ley condena, pero la gracia y el amor de Dios convierten a la persona ahí donde estén y como estén.

- ¿Cuándo fue la ultima vez que tu diste amor genuino a una persona, y te rechazaron?

- Uno siempre expresará lo que trae adentro.

- ¡Es imposible dar algo, que tu no tienes!

4

¡Oído para Escuchar a Dios!

"Bendeciré a Jehová que me aconseja;
Aun en las noches me enseña mi conciencia." (Salmo 16:7)

Si acaso hay una Persona que nos de consejo y sin falla, seria nuestro Padre Celestial a través de Su Espíritu Santo. En cuanto a recibir consejo de Dios, sabemos que Su sabiduría es siempre correcta, y El nos llevará al lugar perfecto, donde necesitamos estar.

Ahora bien, David escribe este canto hacia Dios, dándole reconocimiento que ha sido Su consejo el que lo a dirigido durante toda su vida. ¿Cuantos podemos decir eso?

Caminar con Dios y obedecer Sus mandatos en nuestras vidas no es tan fácil como muchos dicen. Imagínese a este hombre David – no solo dirigía su propia vida en Dios, pero el pueblo de Dios también.

David continúa diciendo y nos sigue revelando, que Dios también le enseñaba durante las noches; o sea, ¡Dios le hablaba a la consciencia de David mientras dormía!

Creo que los mensajes a la consciencia son los mensajes mas poderosos que hay; ya que estos mensajes, no tienen obstáculos para detenerlos de llegar a nuestro corazón.

Muchos dudan de que Dios puede hablar a través de sueños durante la noche, pero deje le digo mi amado hermano: No solo Dios hablaba a Su pueblo en sueños en tiempos antes, pero también habla hoy y mas que nunca, dado a que los tiempos son cortos.

Mantener un oído abierto hacia Dios es primordial para cualquier líder que desea o anhela seguir a Dios. El Espíritu Santo esta hablando en muchas formas hoy y solo los que ponen atención le escuchan.

A veces, uno como líder, pensamos que lo sabemos todo. La realidad es que a esto se le llama arrogancia combinada con orgullo. Esta combinación de características carnales, solo nos desviarán del plan que Dios tiene para nosotros y nuestros ministerios. ¡Cometeremos error tras erros hasta no descubrir que la obra es de Dios!

Para terminar esta meditación, deje comento esto, Recuerde: ¡La obra fue creada por Dios, para Dios y sustentada por Dios!

Puntos de Impacto

☐ ¿Has descubierto que el consejo de Dios es superior a cualquier otro?

- ☐ ¿Crees que Dios habla a través de sueños?
- ☐ ¿Cual fue el último sueño que tuviste y que te dijo Dios?

- ☐ Cultivar un oído para escuchar a Dios es importante. ¿Como estas cultivando tu oído?

5

¡En Su Tiempo!

"Porque Cristo, cuando aún éramos débiles, a su tiempo murió por los impíos." (Romanos 5:6)

Una vez mas nos damos cuenta, que Dios hace y deshace como a El le place hacer con Su creación. Dios es sabio en todo y nada hace Dios sin mantener Su orden divina. Todo lo que el Señor a diseñado - todo, trabaja para Su bien y Su propósito.

A veces las ovejas dentro del redil del Señor tienden a temer, a preocuparse o afanarse por tantas cosas externas; mas el Señor nos invita a confiar en El; y en Su tiempo, ¡El se moverá según Su voluntad!

Cuando una persona con llamado de Dios predica, o enseña o comparte una devoción con un grupo, no siempre el líder sabe discernir los tiempos o el corazón de Dios. A veces juzga lo que no sabe o critica lo que no conoce. Esto se ve mucho. Dios desea cambiar esto en nosotros, los que ministramos en Su nombre.

La Escritura nos dice que Cristo, a su tiempo, murió por los impíos. El tiempo de Dios es perfecto siempre. A veces parece ser que a Dios no le importa lo que sucede alrededor; o a veces parece ser que Dios no esta viendo una cierta situación. ¡Permítame decirle mi amado siervo de Dios, 'Dios esta siempre al tanto de cada movimiento que hacemos!'

El ministro debe reconocer que cuando ministra a las personas que están bajo gran necesidad, es Dios el que hace la obra en ellos. Dios nunca llega tarde a ninguna situación. ¡El Señor siempre llega a tiempo!

¡Lo que nosotros llamamos llegar tarde – Dios lo usa para manifestar Su gran poder! El simple echo de que una persona se pasa una hora en oración, o ayuna para mover la mano de Dios, o tal ves tratar de convencer a Dios que algo es urgente, no funciona. Reitero: ¡Dios es sabio y soberano en todos aspectos – el llevará acabo una gran victoria!

Puntos de Impacto

- Dios siempre llega a tiempo en cada situación. ¡No vea que tan lento es Dios! Esto significa que Dios esta obrando pacientemente; y Dios enseñándonos a confiar en El.

- Dios no ve las cosas como nosotros las vemos y juzgamos.

- Hay que siempre reconocer que Dios esta al tanto de cada movimiento que hacemos.

- Has dudado de Dios cuando te dice, "Hay que ser pacientes." ¿Cual fue tu actitud después que Dios te dijo esto?

6

¡Un Punto de Vista Celestial!

"Yo te haré saber y te enseñaré el camino en que debes andar; te aconsejaré con mis ojos puestos en ti." (Salmo 32:8)

Al estar meditando esta mañana, me encontré esta gran verdad para todo aquel que ministra para Dios. Ya sea que nuestro ministerio sea directamente de pulpito, o iglesias de hogar – tengo la plena confianza que esta palabra nos ayudará mucho.

Para empezar, el ministerio le pertenece a Dios. ¡Dios es el jefe! El es el que da sabiduría a todo obrero que dirige Su obra. Nunca hay que pensar que lo que hacemos para Dios, es idea nuestra. La responsabilidad de hacer lo que Dios nos pida, queda con nosotros los obrero - mas la revelación de que hacer, ¡le pertenece a Dios!

Otra cosa de suma importancia es saber que nuestro ministerio solo avanza según la revelación que Dios da. Después de recibir la revelación, uno debe caminar en ella. Para esto mis amados, se toma fe de Dios. Para cumplir lo que Dios pide, se toma la fe de Dios sin duda. ¡Todo avance en Dios debe ser echo por fe!

Veamos la Escritura. **"Yo te haré saber y te enseñaré el camino en que debes andar; te aconsejaré con mis ojos puestos en ti."** (Salmo 32:8)

La palabra de Dios en este Salmo nos dice que el Señor nos hará saber y también nos enseñará el camino donde debemos andar. Todo ministerio debe ser dirigido por el Espíritu de Dios. Esta seria una de las calificaciones para un ministerio que desea avanzar para Dios – que siga la voz del Espíritu Santo.

La Escritura también nos dice algo mas, **"Te aconsejare con mis**

ojos puestos en ti." Ahora, aunque esto suena muy bonito, no es lo que la manuscrita original nos dice. Lo que la palabra en el idioma original hebreo nos dice, es lo siguiente, *"Te guiare con mi ojo."* O sea, esta palabra ojo significa *punto de vista*. Dios nos quiere dar Su punto de vista.

Cada uno de nosotros tenemos nuestros propios puntos de vista y también preferencias. ¡Dios no necesita nuestras opiniones! Lo que Dios quiere es un corazón sumiso a El. ¡El desea que nosotros veamos las cosas como El las ve!

Puntos de Impacto

- Solo porque algo nos guste en lo personal, no significa que Dios esté de acuerdo con nuestra idea.

- Buscar a Dios para conocer Su punto de visto, es lo

mejor que todo obrero puede hacer.

- El consejo de Dios es muy diferente al consejo del hombre.

- Tiempo asolas con Dios, nos abrirá la dimensión de conocer Su punto de vista.

7

¡Educando al Hombre Espiritual Con la Voluntad de Dios!

"El hacer tu voluntad, Dios mío, me ha agradado, Y tu ley está en medio de mi corazón." (Salmos 40:8)

Tantos planes que nosotros nos hacemos a través del curso de nuestras vidas; y tantas voces clamando por nuestra atención, y ¡todas con significado! Lo peor de esto – es que a veces seguimos consejos que no tienen absolutamente nada que ver con la voluntad de nuestro Dios.

La sociedad en general, esta repleta de grandes ideas y conceptos cuales garantizan salud y prosperidad a cualquier que los siga. Muchos han caminado ese camino y descubierto que al final de todo,

¡no fue nada mas y nada menos, que pura vanidad!

El no sacar sabiduría de Sus palabras y no encontrar descanso o reposo en las promesas de Dios, seria un gran error de nuestra parte. El no seguir los consejos de Dios, es correr el peligro de un naufragio espiritual.

A pesar de todo lo que el mundo ofrece, por tan brillante que sean las ideas; si no están siguiendo la voluntad de Dios, es mi convicción que no llegarán muy lejos. El mundo, siempre busca aumento para si mismo - engrandecer su propio reino.

En el reino de Dios, buscamos avanzar la idea de que hay un solo Rey en el universo, Su nombre es Jesucristo; y también que Su gloria, llenará toda la tierra.

Ahora bien, el ministro de Dios, el hombre llamado a compartir la sabiduría de Dios siempre será tentado o seducido a seguir ideologías y filosofías vanas.

Esta es una de las razones por las cuales el siervo de Dios debe siempre escudriñar las Escrituras primero antes de compartirlas con su rebaño. Recuerde: Dios nos ha llamado hacer discípulos, no solamente personas inteligentes y sagaces.

Puntos de Impacto

- No todas las voces que escuchamos edifican nuestras vidas espirituales. Hay voces que nos dirigen directamente en contra de la voluntad de Dios.

- Discernimiento para escuchar a Dios, siempre debe ser una prioridad para todo discípulo de Jesucristo.

- Dirigiendo al pueblo de Dios con la sabiduría de Dios es lo mas importante que un hombre de Dios pueda hacer por sus ovejas. Tomar tiempo en estudio y en oración es el llamado mas alto que hay para un pastor siervo de Dios.

- Cuando estudiemos nuestras Biblias, hay que siempre escribir los pensamientos que Dios nos esta depositando en nuestro corazón. ¡El no hacerlo, seria como una persona que hornea pan fresco sin la menor idea de compartir con nadie!

8

¡Llamados a Reconciliar!

Hermanos, ciertamente el anhelo de mi corazón, y mi oración a Dios por Israel, es para salvación." (Romanos 10:1)

En esta escritura vemos algo en el Apóstol Pablo – vemos el anhelo de su corazón y clamor por el pueblo de Israel - el intenso deseo que venga a la salvación que Dios Padre dio a través de Su hijo Jesucristo.

Uno pensaría que después de rechazar el evangelio una y otra vez, el Apóstol Pablo se fuera dado por vencido en alcanzar a Israel, ¡pero no! Al contrario, su anhelo seguía aumentando mas y mas.

La Perdida de Anhelo Por El Mensaje del Reino

Quiero ser breve en esto, pero claridoso:

Una tendencia que yo he empezado a ver ha sido esta, – el descuido por predicar el evangelio del reino de Dios. Ya no se predica la salvación de las personas y menos los alcances misioneros a otras naciones. Ya hemos dejado de tratar de discipular las naciones, así como Jesucristo nos pidió que hiciéramos.

El enfoque es un poco mas modernizado. La iglesia parece ya no ser aquella institución donde las personas se congregaban para adorar a Dios, para convivir como hermanos, ni tampoco para capacitar a los siervos del Señor para la obra del ministerio.

Lo que he visto en los ministerios de hoy, es la pasión por querer ser reconocidos como la iglesia mas grande en el área, mas impactante a través de sus programaciones de radio o televisión o los grupos de alabanza mas relevantes a la juventud.

Todo parece ser enfocado a un crecimiento personal y no conducido a un crecimiento global. Esto, en mi opinión, le a da causar a Dios náusea.

Restaurándonos en la Visión de Dios

Quiero terminar esta devoción diciendo que la mejor manera de restaurar algo perdido, es recordar lo que se ha perdido. Si la visión era ganar almas, empieza hacerlo. Si la visión era predicar la visión de Dios para el mundo, empieza a predicarla.

No hay un método mejor para restauración, que empezar a hacer lo que dejamos de hacer. Yo se que esto no es una gran revelación, pero si que es algo practico. A veces todo lo que necesitamos hacer, es recordar como Dios toco nuestras vidas y nos rescato; y luego ir y hacer lo mismo, con aquellos que todavía no le conocen.

Puntos de Impacto

- ¿Que mensaje estas predicando o compartiendo con otras personas?

- ¿Tu mensaje esta avanzando el evangelio del reino de Dios o tu propio reino?

- ¿Te has limitado en solo ganar almas y descuidado de las naciones del mundo?

- ¿Qué estas haciendo para impactar las naciones desde ahí donde te encuentras?

9

¡Cuidado Con Un 'Alto Concepto De Si Mismo!'

"Digo, pues, por la gracia que me es dada, a cada cual que está entre vosotros, que no tenga más alto concepto de sí que el que debe tener, sino que piense de sí con cordura, conforme a la medida de fe que Dios repartió a cada uno." (Romanos 12:3)

Evaluando los hechos de esta semana y repasando mis logros de mi ministerio, estuve meditando lo cuanto importante es reconocer a todas las personas que participaron conmigo en alcanzando todas mis metas esta semana.

Fue durante este tiempo de meditación, que esta Escritura llego a mi corazón en mi tiempo de devoción. Es de verdad algo de suma importancia el tomarse tiempo para hacer esto que parece insignicante.

Me gustaría compartir mas afondo con usted mi sentir en este tema de Cuidado con un Alto Concepto de Si Mismo.

Como líder de un ministerio, de un negocio, o de familia - uno debe reconocer, que el éxito no llega solamente por una persona; es mas, para alcanzar éxito, se necesitan mas personas envueltas en la obra que esta a la mano, para que el líder experimente éxito y satisfacción por sus logros. ¡Ningún líder llega a la sima sin mas personas!

Algo que puedo ver en líderes, y lo sé por que yo lo he visto en mi propia vida, es, ¡tener mas alto concepto de si, que el que uno debe tener! Si en su propia vida, usted ha sido culpable por tener esta actitud, y desea corregirla, entonces escuche lo que tengo escrito aquí.

Sobrio de Pensamiento

Para romper el espíritu de orgullo y la arrogancia, uno necesita humillarse y ser sobrio de pensamiento. Todo empieza en la mente; el pensar que uno es mas importante que otra persona es un fruto de inmadurez y causará división entre personas.

El Apóstol Pablo sigue exhortando y dice lo siguiente: "**...sino que piense de sí con cordura, conforme a la medida de fe que Dios repartió a cada uno.**" En otras palabras, es importante saber que Dios dio medidas de fe a todos Sus hijos/as.

La orden es que cada uno ejercite la fe que Dios le ha dado. Haciendo esto, pone la responsabilidad sobre nosotros de servir a Dios con la medida que nos dio y a la ves, nos quita el tiempo de compararnos unos con otros o sea con personas mas espirituales o mas hábiles.

Reconociendo que es Dios el que da los dones espirituales a nosotros los creyentes, y la medida de fe para actualizar esos dones, hay que caminar en Su reino con una mente sobria y con un corazón humilde.

Puntos de Impacto

- ¿Has tomado tiempo para evaluar tus logros? ¿Quiénes fueron las personas que te ayudaron a cumplir tus metas? ¿Los has reconocido?

- ¿En un tiempo, has caminado con un mas alto concepto de ti mismo? Si tu respuesta es "si," ¿Quién fue la persona(s) que te corrigió?

- Has reconocido que el éxito no es por ti solamente, pero otros que se unieron a ti, ¡también fueron la causa de que tu lograras tus metas!

- Los sobrios pensamientos son señales de una persona madura.

10

¡Una Guerra Invisible!

Anoche meditaba sobre las palabras del Apóstol Pablo cuando dijo, **"Pues, aunque andamos en la carne, no militamos según la carne; porque las armas de nuestra milicia no son carnales..."** (2 Corintios 10:3-4ª)

Cuantas veces se a encontrado usted en medio de una batalla en su vida, negocio o ministerio – y parece ser que todo mundo esta en contra de usted para derribarle. Esta ha sido la experiencia de muchas personas.

¿Falta de Discernimiento?

El Apóstol Pablo rápidamente puse en claro que nuestra batalla no es contra la carne, si no es contra espíritus o pensamientos carnales que manipulan y controlan a la persona que se deja llevar por ellos.

Cuantas veces echamos de malas por falta de no tener discernimiento en nuestras vidas. La vida para el cristiano que de verdad a experimentado un nuevo nacimiento, se debe discernir espiritualmente, y no hacer conclusiones con lógica humana.

Tampoco creo que uno debe culpar a una persona directamente por causar problemas – pero si creo, que se le debe confrontar a la persona que está permitiéndose llevar por un espíritu de engaño.

Cuando usted discierne que un espíritu de mentira los esta seduciendo, manipulando y controlando, es necesario que usted se lo diga. Si no se le corrige a la persona que esta siendo influida negativamente, le causará mucho dolor y confusión a largo plazo.

Esto lo se porque lo he visto: Si vivimos desatendidamente y fuera de los principios y pensamientos de Dios, pagaremos grandes consecuencias.

¡La Batalla Esta en la Mente!

Es imposible llevar acabo una guerra espiritual con armas carnales o naturales. El enemigo no se encuentra en ningún lugar natural (no esta en cuevas, no esta en casas, no esta en las calles, etc.) ¡no esta en ningún lugar donde muchos piensan que esta!

Recuerde que el enemigo se concentra en atacar mentes que abren puertas a través de la desobediencia hacia Dios o ofensas cometidas.

Es aquí donde las fortalezas del enemigo empiezan a traer negatividad y toman control de la persona – influyéndolos a tomar decisiones contra la voluntad de Dios.

Demostrando amor hacia una persona incluye muchas veces, confrontando un espíritu de engaño, manipulación o control.

Puntos de Impacto

- ¿Has tenido recientemente la experiencia de discernir una guerra espiritual en tu vida?

- ¿Cuáles fueron los pasos que tomaste para vencerla?

- Las puertas que el enemigo busca para turbarnos se abren cuando permitimos ofensas que nos dominen.

- A la próxima ves que un pensamiento negativo se te acerque, ¡discierne bien de donde viene!

11

¡El Tribunal de Cristo!

"Pero tú, ¿por qué juzgas a tu hermano? O tú también, ¿por qué menosprecias a tu hermano? Porque todos compareceremos ante el tribunal de Cristo." (Romanos 14:10)

¿No se si en tiempos anteriores usted a leído este verso o escudriñado las palabras del Apóstol Pablo en cuanto al tribunal de Cristo? En mi opinión, creo yo que este tribunal va hacer una de las interrogaciones mas fuertes que usted y yo hayamos recibido en nuestras vidas.

Parece ser que aquí en la tierra donde vivimos, no la pasamos comparándonos unos con otros; la competencia de sobresalir o ser el mejor siempre esta a la orden del día. Esta forma de vivir en cambio nos pone en una situación donde sentimos la necesidad de compararnos con nuestro prójimo.

Ahora yo entiendo el espíritu de competencia en el área de deportes. También veo el propósito dentro de un ejercito que tiene como objetivo pelear por adquirir territorio o defenderlo. En estos casos, el motivo si seria puro. Ahora, dentro de la iglesia, donde Cristo es la Cabeza y nosotros Su cuerpo, la competencia no debe existir entre el cuerpo. ¡Yo no creo que Dios tenia esto en mente cuando instituyo la iglesia!

Dice la escritura, "Pero tu, ¿Por qué juzgas a tu hermano? O tu también, ¿Por qué menosprecias a tu hermano?" El Apóstol Pablo nos presenta el corazón de la competencia entre hermanos y obvio, este espíritu [de competencia,] nos lleva a juzgar, comparar, y a criticar a nuestro hermano/a.

El Tribunal de Cristo

Es mi convicción, que, en el tribunal de Cristo, veremos a Jesucristo con Sus ojos de fuego, y estaremos desnudos [figurativamente hablando] delante de el. Tenderemos que pararnos solos y dar explicaciones de por que hicimos lo que hicimos y también por que no hicimos lo que deberíamos ver hecho.

No se usted, pero a mi esto me pone en un estado de seriedad. Viviendo consciente de que este día se llegará y reconociendo que uno no esta o se sienta preparado para dar una completa y plena explicación a nuestro Rey Jesús, puede intimidarnos.

¿Cuál Será Nuestra Excusa?

Ahora bien, Cristo lo dio todo por nosotros. Para colmo, nos dejo el Espíritu Santo, cual nos guía a toda verdad, el Padre Celestial, que nos da la seguridad de que somos amados por El; nos a dejado las santas Escrituras para aprender la mente de Dios, y si esto fuera poco, también tenemos los testigos de hebreos 12: 1a, **"Por tanto, nosotros también, ¡teniendo en derredor nuestro tan grande nube de testigos..."** - que nos están dando porras!

Hermanos, termino esta devoción sabiendo en mi corazón, ¡que el tiempo es corto y la tarea todavía esta pendiente!

Puntos de Impacto

- ¡Cuidado con el espíritu de competencia!

- ¡Tu hermano no es tu competencia!

- Guarda tu corazón de toda maldad. No sea que, en aquel día, nuestro Señor Jesucristo te pregunte, ¿Por qué lo hiciste?

- ¡Vive todos los días como si mañana fuera el día que debes dar cuentas a Dios!

12

¡Aprendiendo a Clamar a Dios!

"Con mi voz clamé a Dios,
A Dios clamé, y él me escuchará." (Salmo 77:1)

¿Que cosa existe en esta vida de la que Dios no conozca? ¿Acaso hay situaciones en nuestras vidas de las cuales Dios no esté al tanto? La respuesta es obvia - ¡Claro que no hay nada escondido de Dios!

A nuestro Señor Jesucristo se le puede confiar sin duda; el dijo que nunca nos abandonaría – mas Su Espíritu siempre nos guiaría a toda verdad.

Mis amados, como siervos escogidos o elegidos por Dios – tenemos una cobertura sobre nuestras vidas – el Dios de Abram, Isaac, Jacob y David, así como estuvo con ellos, estará con nosotros hasta el fin del mundo. No perderemos mientras sigamos bajo Sus alas.

Todas Las Pruebas Son Diferentes

Ahora bien, a veces pasamos por situaciones que parece ser que nunca terminaran. Usted sabe a lo que me refiero. Esa prueba que hace a cualquier persona clamar a Dios desde lo mas profundo de su ser.

A veces también he visto donde el compartir ciertas luchas o circunstancias con otras personas, no son tomadas con un espíritu de comprensión; es mas, al contrario, sale uno regañado por no tener la suficiente fe para vencer, o la suficiente esperanza que talvez uno necesita para hacer la transición.

Todos pasaremos por pruebas; todos tendremos la oportunidad para avanzar y seguir a la siguiente ronda en nuestro caminar con Dios; pero primer, tendremos que aprender a ¡clamar a Dios!

Clamar a Dios es el ejercicio espiritual que todos los que caminamos con Dios, tendremos que aprender, bueno, eso es, si vamos a llegar al destino que Dios a preparado para todo aquel que le ama.

De una forma muy mística e extraña, el admitir a Dios mismo, que uno es débil, suelta la gracia, poder y favor de Dios sobre la vida del que hace esta confesión. Muchos ya han descubierto este gran secreto.

Cuando entramos en esta postura en nuestra vida espiritual, esto se convertirá en herramienta en las manos de Dios. Es así, como el poder de Dios se manifestará en el mundo en el que vivimos y Dios será glorificado.

Volumen 3

Puntos de Impacto

- Cuando estas pasando por pruebas en tu vida personal, ¿clamas a Dios? O te la pasas, ¿pidiendo a personas por oración y simpatía?

- El clamor de dolor, ¡siempre es escuchado por el Padre Celestial!

- El Apóstol Pablo dijo, **"Por tanto, de buena gana me gloriaré más bien en mis debilidades, para que repose sobre mí el poder de Cristo."** (2 Corintios 12:9) ¿Qué significan estas palabras para ti?

- Pídele a Dios que tu vida sea una herramienta en Sus manos para avanzar la causa de Cristo en el mundo hoy.

13

¡Reservado Solo Para los Fieles!

**"Eligió a David su siervo,
Y lo tomó de las majadas de las ovejas;
De tras las paridas lo trajo,
Para que apacentase a Jacob su pueblo,
Y a Israel su heredad."** (Salmo 78:71)

Es obvio cuando Dios escoge a un siervo/a para que lleve acabo Su voluntad, que Dios los encuentra trabajando en algo. Hasta donde yo sepa, ¡Dios nunca ha escogido a un hombre a patético, perezoso o negligente!

Las calificaciones para servir que Dios usa, son diferentes a las calificaciones del hombre. Dios no hace nada con interés de promover a una persona porque pertenecen a familias especiales, o tienen influencia con la sociedad, o son mas "religiosos" en su forma de ser. ¡No Señor! Dios basa Su liderazgo en los atributos de carácter, fidelidad, y humildad.

Carácter

¿Qué es carácter? Carácter es lo que una persona de verdad es, cuando nadie lo esta viendo. También, el carácter, se puede caracterizar como lo que una persona es o como se comporta, en la obscuridad.

Carácter es la primera de todas las características que Dios usa, cuando esa persona se les esta considerando para servir. El carácter determina la actitud de la persona cuando (1) las cosas van bien, (2) las cosas van mal, (3) cuando se les critica, (4) cuando se les alaba, (5) cuando hay fracaso, y (6) cuando hay éxito.

Pereza

Pereza por definición, significa: Falta de ganas de trabajar, o de hacer cosas, propia de la persona perezosa.

Cuando Dios busca a alguien para que haga tarea, la persona perezosa, se descalifica por el simple hecho de que Dios necesita a alguien con ganas de trabajar. Se oye muy simple esta definición, pero es tan simple así lo que Dios ve y busca – ¡alguien que trabaje!

Humildad

La humildad es por característica, una persona que se dedica a escoger a Dios primero en todo. Esto incluye, decisiones, pensamientos, y acciones. Antes de actuar, consulta con Dios primero. La vida de una persona humilde se destaca por una vida quebrantada y siempre dejándole a Dios ¡el primer lugar!

Puntos de Impacto

- Dios siempre esta buscando vasos disponibles para Su gran comisión.

- Dios ve si una persona es fiel en lo poco, antes de encomendarle mas.

- Como una persona trata con la adversidad, dice mucho de su carácter personal.

- Cuando Dios ve la fidelidad de una persona, Dios luego aumentará la capacitación de esa persona en su debido tiempo.

14

¿Es Necesario Confrontar?

"Os ruego, pues, hermanos, por el nombre de nuestro Señor Jesucristo, que habléis todos una misma cosa, y que no haya entre vosotros divisiones, sino que estéis perfectamente unidos en una misma mente y en un mismo parecer. Porque he sido informado acerca de vosotros, hermanos míos, por los de Cloé, que hay entre vosotros contiendas." (1 Corintios 1:10, 11)

En el cuerpo de Cristo, (por mucho que uno no quiera admitir,) hay muchas imperfecciones. O sea, la iglesia no es perfecta; y mientras sea dirigida por seres humanos, la iglesia siempre estará ¡destituida de la gloria de Dios!

A veces se escucha de iglesias que casi son perfectas. Las personas que conviven en esos templos juran que Dios esta en medio de ellos, y que milagros suceden cada ves que se reúnen y que la gloria de Dios esta siempre presente.

Al meditar sobre el testimonio de estos creyentes, por mi mente pasa el pensamiento, "Me pregunto si estos siervos de Dios, ¿han visto lo debilidad de ese ministerio o iglesia?"

De verdad les digo, cuando uno ve las debilidades de algo, uno tiende a cambiar su opinión sobre esa persona, institución, o idea. Aceptar algo cuando esta en "su gloria" es muy diferente a aceptar la misma cosa, cuando esta desnuda y sin forma y expuesta a la critica de todo mundo.

En la iglesia de los Corintios, si había problemas, y esa iglesia no era perfecta. No era perfecta en los ojos del hombre ni tampoco en los ojos de Dios. Sin embargo, Dios tenia una iglesia inmadura en Sus manos y el hombre para traer orden, era el Apóstol Pablo.

Hermanos, muchas veces hay cosas que una puede dejar en las manos de Dios. Se puede orar y Uno puede orar y esperar que Dios obre en la situación. Pero igual, hay cosas que Dios necesita corregir y lo hará usando a un líder presente. No es fácil corregir, ¡pero es necesario!

Finalmente, Dios necesita un líder con discernimiento. Es necesario saber cuando uno debe tomar acción para corregir y también cuando uno debe permanecer en oración para dada situación. Si uno no toma acción por motivos de temor, ¡sepa que el diablo esta detrás de esta obra con intención de destruir! Si no hay temor, entonces uno debe, con sabiduría, hablar y aconsejar a las personas que están en error con amor y paciencia.

Puntos de Impacto

- Puedes reconocer que en tu iglesia o ministerio hay imperfecciones?

- ¿Has visto inmadurez en tu ministerio o en la iglesia donde asistes?

- ¿Cual es tu actitud al ver estos comportamientos?

- Nunca temas cuando personas están cometiendo un grave error en tu ministerio o iglesia; ¡o sea, no tengas miedo confrontar la situación! ¡No permitas que el diablo se salga con la suya!

15

¡El Beneficio del Quebrantamiento!
Parte 1

"...y ni mi palabra ni mi predicación fue con palabras persuasivas de humana sabiduría, sino con demostración del Espíritu y de poder, para que vuestra fe no esté fundada en la sabiduría de los hombres, sino en el poder de Dios." (2 Corintios 2:4, 5)

Cuando se habla de un corazón quebrantado o se identifica un siervo de Dios con las palabras, "El es una persona muy quebrantada," me hace preguntarme ciertas preguntas. Una de ellas es...

1) ¿Qué es quebranto?
2) ¿Cuáles son las características de un corazón quebrantado?

En esta devoción me gustaría contestar estas dos preguntas.

¿Qué es quebranto o quebrantamiento?

Quebranto o quebrantamiento son palabras que se usan para describir lo que sucede dentro del corazón de una persona que rinde toda su voluntad a Dios. Al escuchar esto, muchos siervos de Dios creen que califican – ¡pero no!

La realidad es que muchos, ¡dan y dan de lo que les sobra y no mas! ¿Que quiero decir con esto? Lo que quiero decir es que una persona puede dar y dar de sus bienes a personas, organizaciones, etc…pero cuando les empieza a costar - a punto donde sienten el gasto, ¡ya no dan! Esta no es una persona quebrantada delante de Dios – esta es una persona como muchos creyentes, que dan y dan, hasta que les empiece a costar y hasta ahí.

El quebranto es una forma de vivir. El quebranto tiene que ver con disposición para hacer cualquier cosa para el avance del reino de Dios. Así es, sin dudar nada, y caminar en rendimiento total al ritmo de la voz del Espíritu Santo.

¡Un Diferente Ritmo!

Caminando con Dios es mas que una idea placentera o un concepto mas sano de vivir. Caminando con Dios, si incluye estas cosas, pero también requiere caminar a un cierto ritmo que solo los que están sintonizados a la voz del Espíritu Santo pueden seguir.

Para seguir a Dios, uno necesita vivir en rendimiento diario. Si la persona no se puede negar a si mismo, si no puede llevar su cruz y si no puede ir en pos de Jesucristo – ¡es imposible hacer la voluntad de Dios al ritmo requerido!

Puntos de Impacto

- ¿Entendiste el quebranto delante de Dios?

- ¿Al leer esta devoción, evaluaste tu vida si acaso eres una persona quebrantada?

- Un rendimiento total es lo que Dios requiere para poder caminar con El, ¿lo has hecho?

- Seguir a Jesucristo en "la carne" es imposible. ¡Busca la vida quebrantada!

16

¡El Beneficio del Quebrantamiento!
Parte 2

"…y ni mi palabra ni mi predicación fue con palabras persuasivas de humana sabiduría, sino con demostración del Espíritu y de poder, para que vuestra fe no esté fundada en la sabiduría de los hombres, sino en el poder de Dios." (2 Corintios 2:4, 5)

Hemos estado meditando en el tema de quebrantamiento y la pregunta es, ¿Como siervo/a de Dios, estas caminando en este estilo de vida hoy?

Para dar un repase a la idea del quebrantamiento - el quebrantamiento significa, una persona que a rendido toda su voluntad a Dios.

Pablo: Hombre de Quebrantamiento

Sin tomar en cuenta todos los sufrimientos del Apóstol Pablo en su vida como soldado de Cristo, Pablo tenia otra lucha que era mayor que la lucha ministerial. Para que un hombre pueda hacer lo que el Apóstol Pablo hizo, uno tiene que morir a los deseos personales de la carne y entregarse por completo al ritmo de la voz del Espíritu Santo.

Es por esta razón que Dios necesita personas quebrantadas para que lleven acabo Su voluntad. Sin una vida quebrantada, ¡es imposible agradar la voluntad de Dios! ¿Si me explico? Uno en su vida natural, no tiene el poder para seguir a Dios por donde Dios lo quiera guiar.

La escritura nos dice que el Apóstol Pablo predicaba y enseñaba; pero lo que predicaba no era con palabras persuasivas de humana sabiduría, sino con demonstración del Espíritu y con poder. O sea, el Apóstol Pablo optó por hacer lo que Dios quería en vez de lo que seria mas conveniente para sus oidores.

Me pregunto, ¿con que fin seguía el Apóstol Pablo al Espíritu Santo?

El Apóstol seguía el ritmo del Espíritu Santo, con el fin de que, "la fe [de sus oidores] no esté [o estuviera] fundada en la sabiduría de los hombres, sino en el poder de Dios."

Querido siervo / a de Dios, te animo en este día a renovar tus votos de compromiso con Dios y te dejes guiar por Su voz, Su ritmo. Solo un corazón rendido y quebrantado hacia Dios, ¡puede hacer toda la voluntad de Dios!

Puntos de Impacto

- ¿A quien representas cuando ministras?

- ¿Estas edificando tu propio reino/ministerio o estas engrandeciendo el reino de Dios?

- ¡Cuidado en quedar bien con la gente, pero no con Dios!

- Siempre evalúa tu condición espiritual delante de Dios y pregúntate, ¿Sigo quebrantado?

17

¡Revelación, Aplicación y el Tiempo de Dios!

"Cada uno, hermanos, en el estado en que fue llamado, así permanezca para con Dios." (1 Corintios 7:24)

Al estar en meditación sobre este versículo, me vino al pensamiento, lo importante que es permanecer establecido en lo que estamos ejerciendo, antes de hacer cualquier movimiento (basado en que Dios nos hablo y nos desafío a tomar pasos de fe) – ya sea a una nueva iglesia, ministerio, o tal ves una nueva oportunidad de empleo o el simple echo de moverse de ciudad a ciudad.

El simple echo de que Dios nos habla en diferentes maneras, no significa que debemos ¡hacerlo ya o tomar acción ya!

A veces Dios nos da instrucción para nuestras vidas y nos invita a caminar con El instantáneamente; hay otras veces, donde Dios nos pide, que esperemos para hacer cambios, etc.

Lo que creo y lo digo por que lo he visto, es que líderes que reciben descargas espirituales de parte de Dios, sienten tomar acción sin consultar a Dios por mas información o revelación. Las personas toman la revelación de Dios y no toman en cuenta la aplicación y el tiempo de Dios. Esto, mis amados, ha sido el error de muchos.

¿Qué persona no anhela recibir mas de Dios y caminar en Su plan? Creo que todos queremos esto para nuestras vidas. Esta bien anhelar lo que Dios tiene para nosotros, pero mas importante que la revelación de Dios en nuestras vidas, esta la aplicación y el tiempo de Dios.

Muchos reciben sueños de Dios y concluyen que Dios los esta enviando a tal país para predicar. Aunque esto este en la mira de Dios para nuestras vidas, no significa que nos iremos mañana. O sea, tenemos que tratar y liderar con las responsabilidades presentes, antes de hacer un movimiento grande. ¿Me explico?

Si tienes pendientes que atender, hazlo. Si tienes pagos que hacer, ¡hazlos! Si tienes pago de casa, carro, o tarjetas de crédito, ¡haz los pagos y cumple primero con estas responsabilidades.

Cuando Dios nos da dirección, hay que saber aplicarla. Primero, hay que asimilarla con nuestro espíritu. Dejar que la revelación consuma nuestro ser. Despues de esto, compartirlo con una persona mas sabia y mas espiritual que nosotros; finalmente, esperar en el tiempo de Dios y Su sabiduría.

Hay que no cometer el error de echarnos al brinco solo porque sentimos que es Dios hablando. No vaya a ser que nos equivoquemos, y acabemos pagando un gran precio por nuestra impaciencia.

Puntos de Impacto

- ¿Que fue lo ultimo que Dios te dijo como mensaje para tu vida?

- ¿Cómo lo entendiste y que pasos de acción tomaste?

- La tentación de cruzar linderos siempre está presente dentro de nosotros.

- La tentación de quedarnos dormidos también a veces nos domina.

- El secreto es saber lo que Dios quiere, como lo quiere, y cuando lo quiere.

18

¡Vana es la Ayuda del Hombre!

"**Danos socorro contra el adversario,
Porque vana es la ayuda del hombre.
En Dios haremos proezas,
Y él hollará a nuestros enemigos.**" (Salmo 108:12, 13)

En esta escritura, el Salmista nos enseña la actitud que debe haber dentro de cada guerrero de Dios. La actitud de que la ayuda del hombre es en realidad vana y limitada.

Al reconocer esta realidad, el siervo de Dios debe prestarse mas a las estrategias de Dios para el avance del Reino.

¡Nacidos en Campo de Batalla!

Al nacer de nuevo, el siervo de Dios debe saber que ha nacido en un campo de batalla. Es cierto que primero Dios ha quitado el pecado del corazón, ¡pero luego a la batalla! Muchas veces, los nuevos conversos se desesperan con lo que experimentan en Dios. No es fácil convertirse y luego pensar que todo va a ser, ¡color de rosa!

Hay mucho de por medio que un nuevo convertido debe saber. Dentro de ello, debe saber que Dios ahora existe dentro de sus corazones y mentes para guiarlos a sus destinos. Incluso, el nuevo siervo de Dios también debe realizar que hay una batalla dentro de el – esta es la batalla para establecer gobierno en su interior. Ya sea que Dios a través del Espíritu Santo dirija; o que el viejo hombre (la carne) lo dirija. ¡Esta es la guerra de las épocas!

¡En Dios Haremos Proezas!

La escritura nos enseña aquí con el Salmista, que nuestro socorro contra el adversario, no se encuentra en nuestras propias fuerzas, ni tampoco en la fuerza natural del hombre. Creo que este también es uno de los errores mayores en el crecimiento con Dios. El pensar que uno puede sustentarse contra el enemigo en sus propias fuerzas, es una receta para destrucción personal. Recuerde lo que la escritura dice: **"En Dios haremos Proezas."**

¡Estrategia Para La Batalla!

A través del Espíritu Santo, Dios nos da estrategias para vencer cualquier cosa que no este dentro de la Su voluntad. Para cualquier necesidad en nuestras vidas personales, nuestras familias, ministerio o vocación – Dios nos provee Su plan maestro para vencer. ¡Es así como Dios recibe todo el reconocimiento! ¡A El sea toda la gloria y dominio por siempre!

Puntos de Impacto

- Has en un tiempo caído en la trampa del enemigo que dice: "¿No confíes en Dios, tu puedes hacerlo en tus propias fuerzas?"

- ¿Has notado que cuando el enemigo se presenta, es usualmente cuando estas en una situación difícil y necesitas respuesta en ese mismo instante?

- ¡Por tan inteligente que uno cree que es, debemos saber que nuestra inteligencia no compara con la inteligencia de Dios!

- La orden de Dios es esta:
    (1) Levanta tu oración a Dios;
    (2) Espera primero la respuesta, estrategia, revelación o promesa de Dios;
    (3) Toma acción en lo que Dios te dijo.

19

¡La Salida!

"No os ha sobrevenido ninguna tentación que no sea humana; pero fiel es Dios, que no os dejará ser tentados más de lo que podéis resistir, sino que dará también juntamente con la tentación la salida, para que podáis soportar." (1 Corintios 10:13)

¿Quién no ha pasado por tentaciones y pruebas de carácter en su vida? Creo que todos hemos sufrido los obstáculos de este mundo. También debemos tomar en cuenta que unos han sufrido mas que otros en su caminar con Dios. Las pruebas son diferentes para todos, y creo que Dios las basa en la madurez y el desarrollo de cada persona.

Ahora, vamos a ver lo que la escritura nos habla sobre la tentación.

Para empezar, la tentación es algo que llega a todo ser humano. No existe ninguna persona que no sea tentada. Si vivimos en este mundo, la tentación es parte de la humanidad. Todos pasaremos por este camino tarde o temprano.

Una mejor pregunta seria: ¿Qué hacemos con la tentación que nos llega?

El segundo punto que veo aquí en 1 Corintios 10:13, es que "[Dios] **no os dejará ser tentados mas de lo que podéis resistir.**" ¿Qué significa esto realmente?

Esto significa que Dios sabe lo que nos llega (en forma de tentación,) y toma en cuenta la realidad de que hay cosas que son muy fuertes para vencer en nuestras propias fuerzas. Por ejemplo, hay cosas que sabemos que nos pueden hacer daño y las evitamos naturalmente; pero también hay cosas que son de carácter fuerte y nos atacan con violencia. Yo creo que son estas cosas de las que 1 Corintios 10:13 está hablando.

¿Por qué permite Dios este tipo de tentación? Yo firmemente creo Dios lo permite para probar nuestra fe y poder traer nuestro carácter a mayor madurez.

¡La Tentación Tiene Salida!

Cuando la "prueba" nos llega, tenemos que tomar una decisión. La escritura nos dice así, **"sino que dará también juntamente con la tentación la salida, para que podáis soportar."** La escritura nos dice que juntamente con la tentación, Dios también da la salida a esa tentación.

La salida o la puerta de escape, viene a través de la voz del Espíritu Santo. Cuando la tentación nos llega, rápidamente, la voz del Espíritu Santo se levanta contra la tentación y nos advierte y nos da instrucción.

Si obedecemos, nos escaparemos y saldremos adelante; si no obedecemos la voz de Dios, tendremos que afrentar la consecuencia de nuestra desobediencia.

Puntos de Impacto

- ¿Has pasado por grandes tentaciones en tu vida?

- ¿Que hiciste para vencerlas?

- Cuando pasamos por tentaciones, Dios siempre envía Su Espíritu Santo para abrirnos la puerta de escape. ¿Has experimentado esto?

Volumen 3

- [ ] Comparte esto con otros y da testimonio de como obtuviste la victoria sobre la tentación.

20

¡Humillado Con Propósito!

"Antes que fuera yo humillado, descarriado andaba;
Mas ahora guardo tu palabra." (Salmo 119:67)

"Bueno me es haber sido humillado,
Para que aprenda tus estatutos." (Salmo 119:71)

El Salmista comentó sobre algo que muy pocos de nosotros queremos admitir – el propósito de por que a veces somos humillados.

La humillación tienes su lugar en la vida de los siervos del Señor. A nadie le gusta ser humillado, pero Dios no lo ve a si. Dios ve el proceso de humillación como un salvavidas en la vida de Sus siervos.

Cualquier hombre o mujer – cuando esta en rebeldía contra Dios, o esta en una postura de terquedad, su propio anhelo de salir adelante los hace tropezar y luego queda humillado por las acciones tomadas bajo rebeldía.

Creo que a veces las personas se creen tener gran privilegio con Dios y con el hombre, y se creen prepotentes e invencibles a punto de que cometen error tras error, hasta que Dios los ¡tranquiliza y los humilla!

En las Escrituras que menciono aquí, el Rey David acababa de pasar una gran crisis en Su reino. Al tratar de restaurar el arca del pacto de nuevo a Jerusalén, pidió que se trajera de donde había estado por mucho tiempo. Para esto, el Rey David no puso orden en quienes serian los que la iban a traer. Este cargo era dado a la tribu de los Levitas, y solo ellos podían tocarla. Al venir hacia Jerusalén, mientras danzaban y adoraban a Jehovah Dios, el buey que llevaba el arca del pacto tropezó. Los hombres que venían detrás quisieron prevenir que no se dañara el arca del pacto al caer y ¡Dios los mato a los dos hombres por tocarla! Imagínese.

Es por esta razón que David dice, "**Bueno me es haber sido humillado, para que aprenda tus estatutos.**"

Las lecciones mas valiosas en nuestro caminar con Dios, a veces vienen a través de nuestras malas decisiones. ¿Cuántas veces hemos tomado los principios de Dios a la ligera y luego por tomar esta actitud, pasamos por humillaciones? Creo que mucho de lo que hemos aprendido (enseñanzas de gran valor) han llegado a nosotros por las humillaciones que hemos pasado.

Después que el Rey David reviso la ley de Jehová y descubrió que lo que el había permitido no era lo correcto, que la orden divina de Dios se había rompido, finalmente, entendió la mente de Dios. Para aprender esta lección, un hombre tuvo que morir. [2 Samuel 6:5-8]

Puntos de Impacto

☐ ¿Has experimentado recientemente humillación de parte de Dios?

☐ ¿Cuál fue la razón que pasaste esta experiencia?

☐ ¿Puedes ver el propósito del "por que" pasaste esto en tu vida en el tiempo que sucedió?

☐ Lista los beneficios de esta humillación en tu vida. Comparte esto con otros.

21

¿Sigues de "Niño?"

"Cuando yo era niño, hablaba como niño, pensaba como niño, juzgaba como niño; mas cuando ya fui hombre, dejé lo que era de niño." (1 Corintios 13:11)

Creo que la pregunta de esta devoción es la siguiente: ¿Tiene tiempo el verdadero obrero de Dios para jugar juegos en estos tiempos?

La madurez de cada siervo de Dios llega después de haber graduado de muchas pruebas de carácter, luchas personales, y obediencia a lo que Dios dice. El siervo de Dios se establece en autoridad cuando aprende las lecciones de Dios en su propia vida.

¿Pero que de los juegos que los siervos de Dios juegan?

En mi corta experiencia de caminar con Dios, he experimentado un poco de lo que estoy comentando en esta devoción. Se lo que es jugar juegos; se lo que es madurar y luego ser llevado por algo o alguien a el nivel de la inmadurez. Aunque esto es vergonzoso, es la realidad. Cualquier siervo de Dios que cree que nunca tendrá este tipo de experiencias, ¡esta equivocado!

¡Una Mirada Fija en Jesús!

El desafío de cada siervo es permanecer enfocado en Dios. Mantener su corazón limpio de corrupción, de los deseos de la carne o de la tentación de tener mas de lo que Dios a proveído, es uno de los retos mas grandes para todo siervo de Dios.

Algo que yo he aprendido, es que si una vida no esta cementada o puesta en una vida de oración, la tentación por lo externo siempre clamara dentro de nosotros. Los deseos de la carne siempre clamaran en lo mas profundo de nuestro ser – buscando nuestra atención. Ya que le prestemos atención a este clamor – será el principio de una vida que nos atrapará con emociones falsas.

Para romper esta trampa, el siervo de Dios debe volver al lugar donde Dios primero lo llamo; estoy hablando del altar de oración. En este lugar santo, toda carne muere y todo deseo carnal es desecho.

Mis amados, nuestro tiempo de maduración esta aquí. Hay que dejar los juegos de niños atrás; hay que buscar la voluntad de nuestro Padre y cumplirla.

Puntos de Impacto

- ¿En un tiempo, te has dejado llevar por sueños e ideas carnales en tu vida?

- ¿Qué aprendiste de esto errores?

- ¿Sera posible que comentes tu ultima experiencia donde tomaste una postura de niño y te fue costoso?

- Cuando empecemos a orar, dejaremos de pecar; y cuando dejemos de orar, ¡empezaremos a pecar!

22

¡Dios Siempre Esta Ahí!

"¿A dónde me iré de tu Espíritu?
¿Y a dónde huiré de tu presencia?
Si subiere a los cielos, allí estás tú;
Y si en el Seol hiciere mi estrado, he aquí, allí tú estás."
(Salmo 139:7, 8)

Quiero escribir estos pensamientos que el Espíritu de Dios me a dado esta mañana:

Durante nuestro servicio a Dios, por tan ungido que uno piense que es, el desanimo llegara y llegara fuerte. Creo que el desanimo es una de las herramientas mas fuertes que hay para destruir la obra de Dios.

Si un creyente no encuentra a Dios durante sus luchas personales, el hombre puede quedar atado, paralizado, o desanimado a seguir con lo que Dios le dio. Esto le puede suceder a cualquier siervo del Señor.

Estrategia Demoniaca

Una de las estrategias mas fuertes que el enemigo usa para traer un caos a la vida personal de cualquier siervo de Dios, es hacerle creer que Dios lo a desamparado. Este pensamiento llega con tanta fuerza, que uno empieza a dudar que Dios esta ahí con el durante este tiempo de prueba.

El enemigo es un experto en la manipulación, la culpa, la vergüenza, y en hacer creer a cualquiera, que no hay esperanza para lo que estés pasando. Muchos siervos han caído en esta mentira. ¡El desanimo los a desviado por completo del camino donde Dios los puso!

A veces de tan grande que es la desesperación, uno empieza a sentir que Dios no esta presente, o sea, que talvez a Dios no le importa de usted, lo que esta pasando dentro de usted o a su alrededor.

Veamos de nuevo esta parte del Salmo 139: **"¿A dónde me iré de tu Espíritu? ¿Y a dónde huiré de tu presencia?"**

Mis hermanos, ¡Dios siempre esta! Su presencia no se va nunca. Creo que si el enemigo nos pudiera convencer de que Dios nos abandonó y que nuestra esperanza en Dios no nos ayudará – ¡entonces hay de que preocuparnos! Pero la verdad es que Dios sigue constante y fiel a nuestro lado.

Basta con clamar Su nombre y Su presencia llegará a nosotros como ríos de agua viva. Su Espíritu esta tan cerca como entrar a una alberca de agua. El nos cubrirá con Su amor, paz y gozo.

Puntos de Impacto

- ¿En tu caminar con Dios, has escuchado la voz del enemigo desafiándote que Dios no esta presente para ayudarte?

- ¿Cómo vences tu la duda, cuando te llega?

- ¡Si eres siervo de Dios, tienes que estar preparado para toda estrategia demoniaca!

- Siempre camina con Dios en humildad de corazón; ¡esta es la llave para todo éxito en Dios!

23

¡Una Puerta Grande y Eficaz!

"Pero estaré en Efeso hasta Pentecostés; porque se me ha abierto puerta grande y eficaz, y muchos son los adversarios." (1 Corintios 16:8, 9)

Reconocer el mover de Dios en nuestras vidas, nos da la libertad de poder enfocar todas nuestras fuerzas en lo que Dios de verdad quiero de nosotros. ¿Cuántas veces nos dedicamos en "obras" que ni siquiera el Espíritu de Dios nos ha enviado? Gastamos tiempo, dinero, y dejamos otras oportunidades que tal ves serian mas eficientes.

Parte de caminar en el Espíritu de Dios incluye una evaluación personal también. O sea, Dios nos invita a ver lo que el desea, pero también nos invita a ver nuestros motivos – ¡que sean puros!

Al leer la experiencia del Apóstol Pablo aquí, me abre los ojos a lo que uno pueda encontrar cuando uno camina con ojos abiertos al Espíritu de Dios. Es necesario ver las cosas como Dios las ve, pero no solo cuando una anda buscando dirección de Dios, ¡pero siempre!

Nosotros como Sus hijos tenemos este gran privilegio. Podemos subir con Dios diariamente. Podemos quedarnos con El todo el día si así lo deseamos. Dios nos invita a subir mas arriba. ¿Has aprendido a subir con Dios?

Me pregunto yo, ¿Cuántos amigos o compañeros del Apostol Pablo, vieron esta oportunidad como una puerta proveída por Dios? ¿Cuántos vieron lo que Dios estaba viendo? ¡Usted sabe que muchos de nosotros a veces estamos parados donde Dios nos quiere, y no lo sabemos! ¿Si me explico? A veces estamos parados en la tarea equivocada también. Es importante reconocer lo que Dios nos esta diciendo a través de nuestras experiencias diarias.

El Apóstol Pablo vio la puerta y la reconoció como una **"puerta grande y eficaz."** Al ver la oportunidad de Dios, también vio otra cosa - ¿Qué fue la otra cosa que vio? El Apóstol Pablo vio que había adversarios. Esto fue lo que dijo, **"...y muchos son los adversarios."**

¡Dentro de la sabiduría de Dios, no solo encontramos algo positivo, pero también lo negativo! ¿Por que razón es importante ver los dos lados? Es de gran valor ver los dos lados - porque nos prepara mejor para la celebración y la lucha espiritual. Hay que siempre buscar la voluntad de Dios en todo. ¡Debemos caminar en Dios - siempre buscando la mejor preparación para servirle al Rey Jesús!

Puntos de Impacto

- ¿Reconoces donde estas parado hoy [espiritualmente hablando]?

- ¿Cuántas puertas has visto que Dios abra a tu favor en el ultimo año?

- ¿Puedes ver que avance en las cosas de Dios, también invita al enemigo a entrar para atacarte?

- ¡Dedícate a buscar los dos lados de toda situación!

24

¡El Conocimiento de Dios!

"Hijo mío, si recibieres mis palabras,
Y mis mandamientos guardares dentro de ti,
Haciendo estar atento tu oído a la sabiduría;
Si inclinares tu corazón a la prudencia,
Si clamares a la inteligencia,
Y a la prudencia dieres tu voz;
Si como a la plata la buscares,
Y la escudriñares como a tesoros,
Entonces entenderás el temor de Jehová,
Y hallarás el conocimiento de Dios."
(Proverbios 2:1-5)

Cuando me pongo a meditar en el oficio o en la función del siervo de

Dios que da enseñanza en su iglesia, célula de hogar, o en instituto bíblico - me hago la siguiente pregunta: ¿Está llenando la mente de esas personas o estudiantes con simple lectura e información? ¿O esta capacitando para que encuentren el conocimiento de Dios?

Información General

Cualquier persona creo que tiene la habilidad de estudiar libros, materia de una pagina de internet, o leer un periódico para sacar información. Yo creo que esto esta muy bien, si es que la persona esta buscando educarse en el mundo en el que vive. También creo que, hasta un cierto punto, esto es necesario para mantenerse una al corriente de lo que Dios esta haciendo en la tierra.

Una cosa es cierta aquí y quiero clarificar: ¡La información no puede substituir la revelación, ni el conocimiento de Dios en nuestras vidas!

Conocimiento de Dios *(Revelación)*

El conocimiento de Dios es algo muy interesante. Dentro de Su conocimiento, el hombre encuentra percepción, aprendizaje y razonamiento. Este conocimiento que Dios da viene a través de diferentes métodos. Dios nos puede dar este conocimiento a través de:

Su Palabra (Santas Escrituras). Cuando programamos nuestras mentes a encontrar lo que Dios nos quiere decir, siempre encontramos conocimiento. Meditando en Su Palabra nos llevará al lugar donde encontraremos nueva percepción, aprendizaje y razonamiento.

Su Voz (voz audible). A veces Dios nos sorprende con este tipo de manifestación – nos habla en voz audible. Esto de verdad que es una maravilla. La verdad no se la razón por que habla a unos y ha otros no. Tal vez Dios desea comunicar algo de gran importancia a

Volumen 3

Su siervo. ¡Busca Su voz!

Sueños y Visiones. Mientras dormimos, Dios tiende a darnos sueños. Estos sueños hablan a nuestra subconsciencia y nos informan lo que esta sucediendo dentro de nosotros y también expone las intenciones que Dios tiene para con nosotros. Hay que poner mas atención a lo que Dios nos dice durante la noche. Las visiones son como sueños, solo que, en visiones, estamos despiertos. Dios nos muestra un retrato o una escena de algo que a El le interesa. Debemos preguntarle a Dios el por que, nos esta enseñando dicho retrato o escena. ¡La respuesta de Dios le sorprenderá!

Educación Espiritual

La educación espiritual viene a través de revelación y conocimiento de Dios. La educación intelectual viene a través de materia dada a la mente del hombre y a través de diferentes recursos.

Usualmente, esta materia no es recibida ni procesada dentro de nuestro corazón – es mas que nada, mental.

Hay que entender la diferencia de la educación y luego podremos poner prioridad sin dejar una cosa por otra. Necesitamos los dos tipos de educación, espiritual y intelectual.

Puntos de Impacto

☐ ¿Buscar conocimiento de Dios ha sido algo que tu has buscado?

☐ Sabes la diferencia entre la educación espiritual y la educación intelectual?

☐ Para captar la educación espiritual, se requiere fe.

Volumen 3

- [ ] Los sueños y las visiones de Dios dan instrucción a nuestras vidas. ¿Cual fue el ultimo sueño que Dios te dio? Compártelo.

25

¡Probados Más Allá de Nuestras Fuerzas!

"Porque hermanos, no queremos que ignoréis acerca de nuestra tribulación que nos sobrevino en Asia; pues fuimos abrumados sobremanera más allá de nuestras fuerzas, de tal modo que aun perdimos la esperanza de conservar la vida. Pero tuvimos en nosotros mismos sentencia de muerte, para que no confiásemos en nosotros mismos, sino en Dios que resucita a los muertos; el cual nos libró, y nos libra, y en quien esperamos que aún nos librará, de tan gran muerte; cooperando también vosotros a favor nuestro con la oración..." (2 Corintios 1:8-11)

Creo que todos hemos visto pruebas difíciles llegar a nuestras vidas, obvio, algunas han sido fuertes adversidades que como el Apóstol Pablo dice aquí, **"abrumados más allá de nuestras fuerzas."**

En esta devoción me gustaría enfocarme en las pruebas que son **"mas allá de nuestras fuerzas."** ¿Y cuales son estas pruebas? ¿Qué tipo de carácter llevan estas tribulaciones? ¿Y por que a nosotros nos suceden estas pruebas?

Permítame agregar también que el Apóstol Pablo dijo, **"...de tal modo que aun perdimos la esperanza de vida."** ¿Mis hermanos, que prueba puede ser tan fuerte, que nos lleve al lugar donde sentimos que la misma vida se nos va? O sea, ¡la sentencia de muerte estaba sobre ellos!

Vamos juntos para ver y poder entender el propósito de varias adversidades en nuestras vidas…

Purificando Nuestros Motivos

"En lo cual vosotros os alegráis, aunque ahora por un poco de ti-

empo, si es necesario, tengáis que ser afligidos en diversas pruebas, para que sometida a prueba vuestra fe, mucho más preciosa que el oro, el cual aunque perecedero se prueba con fuego, sea hallada en alabanza, gloria y honra cuando sea manifestado Jesucristo..."** (1 San Pedro 1:6-8)

La escritura nos dice que **"si es necesario, tengáis que ser afligido en diversas pruebas..."**

Primero quiero decir, ¿Quién piensa que es necesario que Dios le pruebe ahorita y de cierta manera? ¡Solo Dios es el único que en verdad sabe, si usted necesita pasar por graves pruebas!

A veces, es necesario dejar que Dios prueba nuestra fe. Ahora la fe es mas preciosa que el oro y es probada con fuego. El fuego manifestará que tipo de fe tenemos: o sea, si nuestra fe es falsa o una simple emoción o si nuestra fe es genuina.

La fe genuina es la fe de Dios. Esta fe es la que nos sustenta a través de nuestra vida en Cristo. Sin fe es imposible agradar a Dios nos dice el libro de los hebreos. ¡Necesitamos invitar al Espíritu Santo que nos bautice en la fe de Dios!

Volvamos a nuestro texto original en 2 Corintios 1:6-8:

¡No En Nuestras Propias Fuerzas!

El Apóstol Pablo nos dice que **"la sentencia de muerte estaba sobre ellos."** ¿Qué significa esto y por que tan extrema la prueba? La prueba fue grave pero la gravedad tiene propósito: **"…para que no confiásemos en nosotros mismos, sino en Dios que resucita a los muertos…"**

Las pruebas tienen un cierto elemento de fuego en ellas. Estas pruebas llegan a nuestras vidas y nos desafían hasta donde en nuestras propias fuerzas ya no podemos seguir. Es aquí, donde necesitamos clamar a Dios y decir, *"Ya no puedo Señor en mis propias fuerzas. ¡Ayúdame por favor!"*

Ahora es importante también entender lo siguiente: ¡No podemos confiar en Dios en nuestras propias fuerzas! Se toma de Dios para confiar en Dios. Confiar en Dios es un acto sobrenatural.

Necesitamos pedir a Dios que nos bautice con lo que significa confiar en El.

Puntos de Impacto

- ¿Estas pasando por adversidades en tu vida hoy?
  ¿Qué tan grave son tus pruebas?

- Si todavía puedes navegar a través de tus pruebas en tus

propias fuerzas, no necesitas la gracia de Dios todavía.

☐ Entiendes el por que Dios permite graves pruebas en tu vida?

☐ Dios busca fe genuina. ¿Estas listo para subir a otro nivel de fe?

Información de Ministerio

Para obtener mas información sobre el ministerio de Masterbuilder Ministries, Inc., prédicas, seminarios de liderazgo, conferencias o instituto Biblico, favor de escribir a nuestro correo electrónico a David Mayorga:

david_mayorga@sbcglobal.net

mayorga1126@gmail.com

Para visitar nuestra Página de Internet:

www.masterbuildertx.com

www.shabarpublications.com

Nuestras Oficinas Están Ubicadas en

Masterbuilder Ministries, Inc.

3833 N. Taylor Rd.

Palmhurst, TX 78573

Volumen 3

Volumen 3

Volumen 3

Agentes del Reino

www.ingramcontent.com/pod-product-compliance
Lightning Source LLC
Chambersburg PA
CBHW071459070526
44578CB00001B/388